매일매일 입는 속옷 이야기

팬티

글 김미혜

서울에서 태어나 양평에서 자라고 대학에서 국어교육학을 공부했습니다. 자연과 아이들, 우리가 살고 있는 세상을 책에 담기 위해 마음을 기울이고 있습니다. 이 책은 아이들이 속옷에 대해 바로 알고 건강하게 자랐으면 하는 마음으로 썼습니다. 지은 책으로, 동시집《아기 까치의 우산》《아빠를 딱 하루만》《꽃마중》이 있고, 그림책《그림 그리는 새》《저승사자에게 잡혀간 호랑이》《경복궁에 간 불도깨비》《분홍 토끼의 추석》《귀신 단단이의 동지 팥죽》《아름다운 우리 옷》들이 있습니다.

그림 유경화

대학에서 시각디자인을 공부했습니다. 학교 신문사에서 일러스트부 기자로 일했고, 학교를 졸업한 뒤에는 출판사에서 어린이책을 만들었으며 지금은 프리랜서 일러스트레이터로 그림을 그리고 있습니다. 언제나 아이들의 마음에 쏙 드는 그림을 그리고 싶어 합니다. 속옷을 좋아하는 고양이 조이를 따라가며 아이들이 신나고 재미있게 속옷에 대해 배울 수 있도록 노력했다고 합니다. 그린 책으로《다 같이 하자 환경지킴이》《13살, 내 꿈을 잡아라-적성편》《지도그림책 우리나라》《아이스크림은 어디에서 왔을까》《내가 세계 최고》《그림이 톡, 생각이 아하!》《땅은 소중한 선물》들이 있습니다.

아이세움 지식그림책 035

매일매일 입는 속옷 이야기 팬티

글 김미혜 | **그림** 유경화 | **기획** 강효진
찍은날 2015년 5월 20일 초판 1쇄 | **펴낸날** 2015년 5월 30일 초판 1쇄
펴낸이 김영진 | **본부장** 조은희 | **사업실장** 김경수 | **편집장** 위귀영 | **편집** 김정미, 백한별 | **디자인 팀장** 신유리 | **디자인** 강효진
영업 팀장 이주형 | **영업** 김위용, 황영아, 최병화, 정원식, 한정도, 이찬욱, 김동명, 전현주, 정슬기, 이강원, 강신구
펴낸곳 (주)미래엔 | **등록** 1950년 11월 1일 제16-67호 | **주소** 서울특별시 시초구 신반포로 321
전화 미래엔 고객센터 1800-8890 팩스 541-8249 | **홈페이지 주소** www.mirae-n.com

ⓒ 김미혜, 유경화 2015

이 책은 무단으로 전재하거나 복제할 수 없습니다.

ISBN 978-89-378-8732-1 77590

책값은 뒤표지에 있습니다.
파본은 구입처에서 교환해 드리며, 관련 법령에 따라 환불해 드립니다. 다만, 제품 훼손 시 환불이 불가능합니다.

이 도서의 국립중앙도서관 출판예정도서목록(CIP)은 서지정보유통지원시스템 홈페이지(http://seoji.nl.go.kr)와 국가자료공동목록시스템 (http://www.nl.go.kr/kolisnet)에서 이용하실 수 있습니다. (CIP제어번호: CIP2015014474)

매일매일 입는 속옷 이야기

팬티

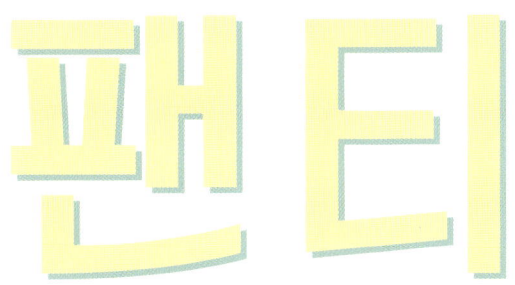

김미혜 글 | 유경화 그림

고양이 조이는 냄새를 잘 맡아. 조이 코는 개코야.
털을 고르고 창가에서 꾸벅꾸벅 졸던 조이가
벌름벌름 킁킁 냄새를 맡았어.
조이는 냄새에 이끌려 살금살금 빨래 바구니로 갔어.
"내 팬티 물고 가지 마!"
헐레벌떡, 조이 뒤를 쫓아갔어.

속옷을 입었니?

조이, 내 팬티를 입으려고?
천만에!
조이가 허리에 천을 감아
맨살을 가리고 씨익 웃었어.

속옷을 입은 거야, 안 입은 거야?

속옷은 속에 입는 옷, 몸에 바로 닿는 옷.
겉옷은 겉에 입는 옷, 속옷 위에 입는 옷.

조이는 입은 게 하나니까
속옷이 겉옷이고, 겉옷이 속옷이지 뭐.

> 속옷은 겉옷 안에 입는 옷이에요.
> '내복' 또는 '내의'라고도 하는데,
> 보통 내복은 추운 계절에 속옷 위에
> 덧입는 방한용 옷을 말하지요.

속옷이 부끄러워?

'속옷' 하면 떠오르는 것은?
그런 걸 왜 물어.
얼굴 빨개졌잖아.

'속옷' 하면 떠오르는 것은?
더러워! 야해! 창피해!

조이야, 속옷을 구박하지 마.
속옷이 불쌍하잖아.
속옷은 시시껄렁하지 않아.
하찮지 않아.

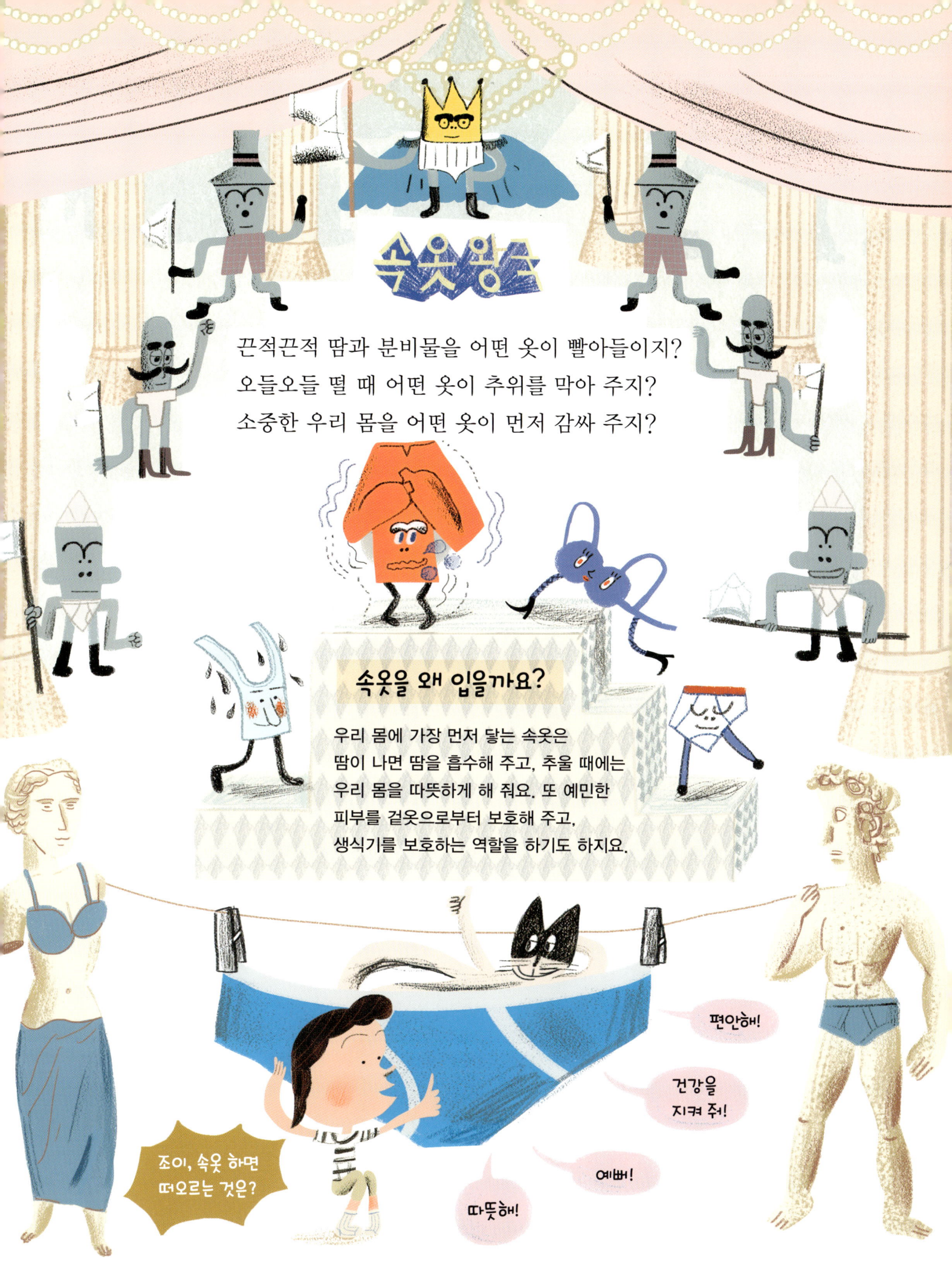

날마다 갈아입어라

"팬티를 날마다 갈아입어라.
팬티를 깨끗하게 입어라."
엄마가 쫓아다니지.

"어제 갈아입었어.
내 팬티 아직 깨끗해."
꼬랑지 빠지게 도망 다니면
"얼룩얼룩 노란 분비물, 쉰내 지린내 나.
속옷을 깨끗하게 입어야 진짜 멋쟁이야."
엄마는 코를 움켜쥐지.

"알았어, 알았다고!
어제는 얼룩말 줄무늬 팬티.
오늘은 무당벌레 빨강 팬티."

어, 어, 조이야, 왜 바지 위에 팬티를 입어?
뭐? 슈퍼맨 아저씨를 닮고 싶다고?
조이, 속옷은 보이지 않게 입어야지!
속옷은 나만 보는 옷이야.

TIP

팬티는 매일 갈아입어야 좋아요. 팬티가 깨끗하면 세균 번식을 막을 수 있지요. 속옷은 우리 건강과 밀접하기 때문에 항상 청결한 상태를 유지해야 해요.
속옷은 남에게 보여 주는 옷이 아니에요. 혹시 누군가 내 속옷을 보려고 하면 엄마, 아빠에게 바로 알려야 해요.

우리 모두 입는 팬티

너도 입고 나도 입는 팬티!
엄마, 아빠, 할머니, 할아버지, 아줌마, 아저씨, 아기까지 모두 입는 팬티!
지금 같은 사각형, 삼각형 팬티는 어떻게 생겨났을까?

귀족 취향의 패션은 끝!
치렁치렁 긴 치마,
너풀너풀 화려한 속치마를 벗어 던지고
속바지를 잘라 내고, 또 잘라 냈어.
마침내 사각형 팬티가 되었어.
사각형도 길어! 더 잘라 내!
드디어 삼각형 팬티가 되었어.
엉덩이에 착 달라붙는 팬티가 되었어.

어, 펄렁펄렁 트렁크 팬티가 편하다고?
그럼 헐렁헐렁 할매 팬티 입을까?

팬티는 오랫동안 헐렁하고 무늬 없는 흰색이었어요.
하지만 다양한 색과 무늬를 쓰며 '보이지 않는 곳에도 멋을 주는 속옷'이 되었어요.
또 점차 인체의 아름다움을 효과적으로 보여 주는 옷으로 발전하고 있어요.

러닝셔츠 3종 세트

러닝셔츠 바람으로 청소하는 아빠.
러닝셔츠는 아빠의 작업복일까?

러닝셔츠 바람으로 쿨쿨 자는 아빠.
러닝셔츠는 아빠의 잠옷일까?

"아빠 옷 좀 챙겨라.
며칠 동안 출장이다."

조이, 러닝셔츠 3종 세트를
커다란 가방에 챙겨 넣자.
아빠는 러닝셔츠 세 장이면
충분할 거야!

남자들은 러닝셔츠를 기본 상의 속옷으로 입어요.
러닝셔츠에는 소매가 있는 것과 없는 것이 있답니다.
요즘에는 부드럽고 땀을 잘 흡수하는 겉옷만 입고
러닝셔츠를 챙겨 입지 않기도 해요.

가슴이 입는 속옷

레몬 두 개.
난 비너스 스타일!
볼록, 볼록
레몬 두 개를 가슴에 댄 것처럼
컵 달린 속옷이 좋아.
가슴을 둥글게 감싸고,
봉긋 솟아오르게 해 주는 옷
브래지어.
레몬 브래지어를 할 거야.

1920년대 서양에서는 작고 밋밋한 가슴으로 보이게 하는 브래지어가 유행하기도 했어요. 또 1960년대 미국의 여성 운동가들은 여성 해방의 상징으로 '브래지어를 벗어 던지자!' 외치며 브래지어를 태운 적도 있답니다.

맞는 브래지어 고르기

정확한 치수를 재어 가슴둘레와 가슴 크기에 맞는 브래지어를 하고, 몸이 성장하는 속도에 따라 사이즈를 바꿔 줘요.

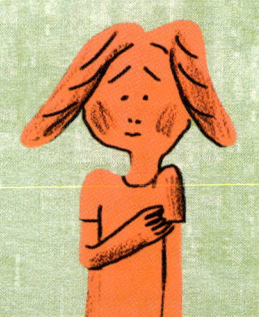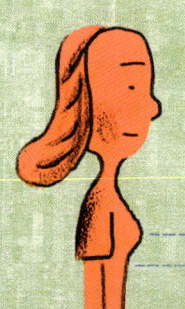

윗가슴 둘레
밑가슴 둘레

여자는 사춘기가 되면 가슴이 커지면서 브래지어를 해요. 브래지어는 가슴을 받쳐 주고, 앞쪽으로 가슴을 모아 봉긋하게 해 주는 기능을 가진 속옷이에요.

난 소년 스타일!
공갈빵 싫어.
호떡처럼 납작하게
평평하게 눌러 줘.
밋밋하게 숨겨 줘.
가짜 레몬 가슴 필요 없어.
짧은 머리에 멜빵바지
납작 브래지어를 할 거야.
난 남을 그대로 따라 하지 않아.
마음이 쏠리는 대로 입을 거야.

브래지어 착용 방법

① 후크를 앞에서 채우고
② 컵이 앞으로 오게 돌리고
③ 어깨끈을 올리고
④ 어깨끈 길이를 조절해요.
⑤ 짜잔!

남자 속옷과 여자 속옷은 달라

팬티 입고
브래지어 입고

엄마는 후닥닥 속옷을 입을 수 없어.
아빠 몸이랑 달라서 번개처럼 입을 수 없어.

거들 입고
슬립 입고

엄마는 후딱후딱 속옷을 입을 수 없어.
아이 몸이랑 달라서 번개처럼 입을 수 없어.

여보, 여보, 빨리 가야 돼. 늦었어.
엄마, 엄마, 늦었다고!

man

여자 속옷에 비해 남자 속옷은 종류도 모양도 단순해요. 남자들은 처음에 거칠고 뻣뻣한 바지의 촉감 때문에 긴 트렁크 팬티를 입었어요. 하지만 바지 옷감이 부드러워지면서 트렁크 팬티의 길이도 점점 짧아졌지요.

러닝셔츠

트렁크 팬티

드로어즈

삼각팬티

대체 언제 입었던 속옷이야

귀부인 조이가 치마 속에
페티코트를 입었어.
겉치마가 아름답게 부풀어 올랐어.

조이의 페티코트는 양파야.
한 겹 벗으면 또 한 겹.
조이의 페티코트는 빗자루야.
거리를 쓸고 다니는 빗자루.
조이야, 뒹굴뒹굴
낙엽도 쓸어 줄래?

속옷의 역사

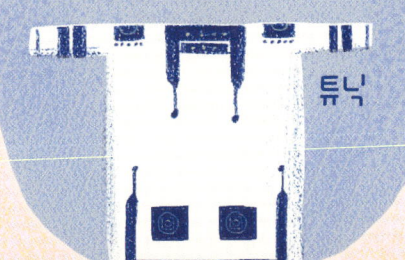

기원전 3000년 무렵

머리 쪽에 구멍을 낸 '튜닉'을 입었어요. 겉옷인 동시에 속옷이었지요. 기원전 2000년 무렵에는 튜닉을 두 장 겹쳐 입었는데 그중 속에 입던 옷이 속옷이 되었답니다.

튜닉

14~15세기

14세기부터 속옷이 독립된 옷으로 여겨지기 시작했어요. 또 '우플랑드'가 유행하며 속옷에 장식이 달리기도 했어요. 15세기 말에는 여자의 옷이 위, 아래로 나뉘면서 속옷도 화려해졌지요.

우플랑드

굵은 허리는 촌스러워.
내 목표는 17인치 허리.
가슴 불룩, 허리 잘록, 엉덩이 불룩
어떻게 개미허리를 만들까.

코르셋 감옥 속에 꽁꽁 묶어 두면 돼.

코르셋 입으면 갈비뼈가 뒤틀린다고?
내장을 조인다고? 숨 못 쉬어
쓰러진다고? 진짜? 정말?

고문 감옥에 들어가느냐 마느냐
모래시계가 되느냐 마느냐
그것이 문제로다.

19세기 중반

여자들은 '페티코트'를 겹겹이 입어서 엉덩이를 잔뜩 부풀렸어요. '크리놀린'은 페티코트보다 가벼워서 큰 환영을 받았지만 불이 붙기 쉬워 위험했답니다!

크리놀린

19세기 후반

서양 여자들은 수백 년 동안 '코르셋'을 입어 허리를 조였어요. 코르셋을 입은 여자들은 몸을 쉽게 움직일 수 없었지요. 19세기 후반에는 어린이용도 있었어요.

코르셋

20세기

셔츠는 원래 남자들이 입는 대표 속옷이었어요. 신분이 높을수록 빨강, 파랑 등 화려한 셔츠를 입었지요. 20세기 들어 신분 차이가 사라지자 흰색 와이셔츠를 많이 입게 되었답니다.

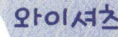

와이셔츠

고쟁이를 물고 가면 안 돼

조이, 고쟁이 물고 가지 마.

다리속곳, 팬티 같은 속옷을 입고
속속곳, 짧고 얇은 속바지를 입고
고쟁이, 긴 속바지를 입고
단속곳, 가랑이 넓은 속바지를 입고
무지기 치마, 층층 속치마를 입고
치마야 퍼져라! 한 겹 더 입을까?
대슘치마, 치마 안에 치마를 또 입고
한 겹 두 겹 세 겹……
우리나라 속옷은 겹겹이 속옷.
저고리 안에 작은 속저고리를 입고
속저고리 안에 속적삼을 입고.

겉옷을 맵시 있게 입으려면
속옷을 바르게 갖춰 입어야 해!
조이, 그러니 고쟁이를
물고 가면 안 돼.

다리속곳
살에 가장 먼저 닿는 속옷이에요. 긴 천을 허리띠에 달아서 입었어요.

고쟁이
속속곳 위에 입는 속바지예요. 밑이 트여 있고, 주로 여름에 입어요.

조선 시대 여자들은 속옷을 중요하게 여겨 겉저고리 안에 속저고리를 여러 겹 입었어요. 아래에는 다리속곳, 속속곳, 고쟁이, 단속곳, 무지기 치마 순으로 입었지요. 저고리 길이가 짧아지면서 허리띠를 동여매 가슴을 가렸는데 이것이 브래지어와 같은 역할을 했어요. 서양식 브래지어는 1930년경 양장과 함께 입기 시작했답니다.

무지기 치마

겉치마를 부풀리기 위해 입는 속치마예요. 3, 5, 7층으로 겹쳤는데 치마 길이가 각각 달라 층층으로 보이지요. 치마 끝을 연꽃처럼 분홍색으로 물들여 '연봉치마'라고도 했어요.

속속곳

몸에 닿는 부분이 많아서 부드러운 천으로 만들었어요.

슈퍼 울트라 쫄쫄이 팬티니까

불 끄러 갈 땐, 불이 붙지 않는 속옷
슛! 축구 하러 갈 땐, 땀 먹어 치우는 속옷
챙 챙 챙 펜싱 하러 갈 땐
팬티 속 보호대.
특별한 속옷은 우리 몸을 지켜 줘.
안전하게 보호해 줘.

방귀대장 조이가 아끼는 팬티는
뿡뿡 폭탄 방귀를 뀌어도
찢어지지 않는 팬티,
조이의 자존심을 지켜 주는
슈퍼 울트라 쫄쫄이 팬티.

땀이 금방 마르는 속옷

엉덩이 보호 패드를 넣은 속옷

성기 보호대를 넣은 속옷

불이 붙지 않는 속옷

쇠로 만든 가슴 보호대를 넣은 속옷

속옷의 기능 중 하나는 몸의 특정 부위를 받쳐 주고 보호하는 것이에요. 스포츠 선수들이 입는 속옷에는 땀을 빨아들이고 빨리 말리는 기능이 있어요. 임신부용 속옷은 배 속의 아기와 엄마를 위한 속옷이에요. 배는 무리하게 조이지 않고, 허리를 지탱하는 기능을 높인 속옷이지요.

이런 속옷 없을까?

입으면 저절로 몸 크기에 맞춰지는 속옷 없을까?
3킬로그램 늘었단 말이야.

몸의 중심을 잡는 속옷 없을까?
태풍에 날아갈 뻔했다니까!

중력을 뿌리치는 속옷 없을까?
저 멀리 우주 달나라까지! 은하수까지!

삐삐삐, 건강을 측정하는 속옷 없을까?
할아버지가 오늘도 병원에 가셨거든.

미래 속옷 선물세트

"더워, 더워. 찜통이야."
조이가 속옷을 벗어 던졌어.
"조이, 속옷을 잘 챙겨 입어야 건강하지.
그리고 속옷을 깨끗하게 입어야 멋쟁이야."
"맞아! 겉만 번드르르해선 안 돼.
난 진짜 멋쟁이가 될 거야!"
쿵쿵, 조이는 속옷 서랍에 코를 대고 냄새를 맡았어.
그러고는 속옷들을 죄다 꺼냈지 뭐야.
조이는 어떤 속옷을 찾아 입었을까?